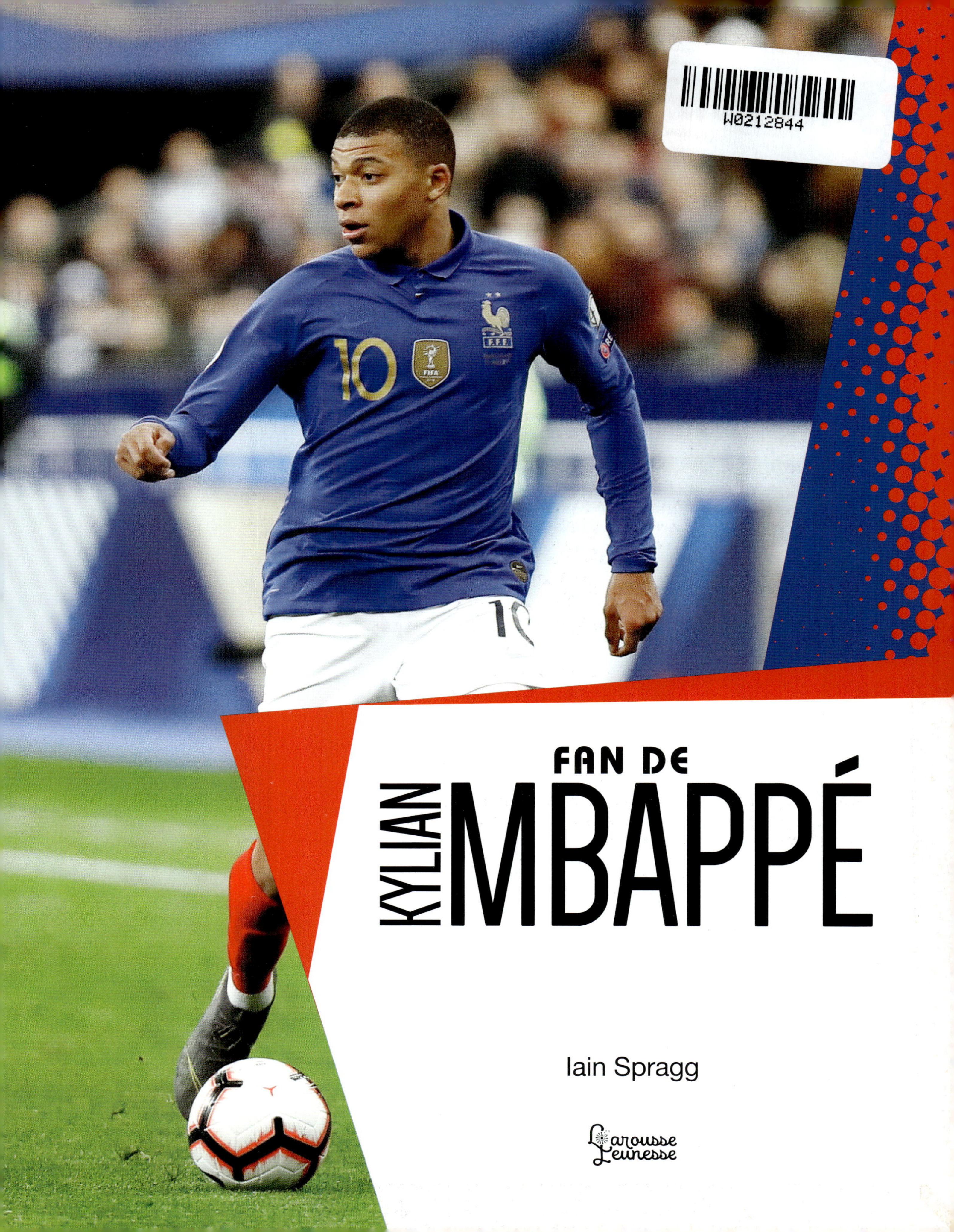

FAN DE KYLIAN MBAPPÉ

Iain Spragg

Larousse Jeunesse

SOMMAIRE

Mbappé est devenu l'un des talents les plus en vue du football international depuis son transfert record au PSG en 2017.

INTRODUCTION

Depuis ses débuts professionnels à l'âge de 16 ans, Kylian Mbappé, le jeune talent le plus en vue du football, bat tous les records, aussi bien en club qu'en équipe nationale.

L'attaquant a eu 21 ans à la fin de l'année 2019, et il a déjà obtenu plus de récompenses que la majorité des joueurs professionnels au cours de leur carrière, en remportant la Coupe du monde de la FIFA et 3 titres de champion de France avec l'AS Monaco et le Paris Saint-Germain.

Ce livre retrace l'histoire incroyable d'un jeune garçon de Bondy – une ville modeste de banlieue parisienne – qui s'est rapidement hissé au rang d'élite mondiale du football pour devenir champion du monde.

Encore adolescent, Mbappé débute son parcours remarquable à Monaco avant de revenir à Paris, où il surprend les fans du PSG par son rythme explosif, sa vision et ses tours de passe-passe.

Au niveau international, l'attaquant n'a que 18 ans lorsqu'il fait ses débuts en équipe de France. Un peu plus d'un an après, il joue pour les Bleus en finale de la Coupe du monde et marque un but brillant lors de la victoire 4-2 sur la Croatie à Moscou, devenant ainsi le troisième jeune de moins de 20 ans à soulever le fameux trophée.

À ses succès avec le PSG et l'équipe de France s'ajoutent de nombreuses récompenses individuelles : entre 2018 et 2019, il est sacré joueur français de l'année, meilleur joueur de Ligue 1 et meilleur jeune joueur de la Coupe du monde.

Fan de Kylian Mbappé célèbre le jeune génie français, une vraie superstar qui semble destinée à devenir le plus grand footballeur au monde.

Ses performances et ses exploits de buteur font de Kylian Mbappé l'un des favoris de son club, le Paris Saint-Germain.

Mbappé n'a que 19 ans lorsqu'il participe à la victoire de la France en finale de la Coupe du monde 2018 en Russie.

LES JEUNES ANNÉES

Kylian Mbappé grandit dans un quartier difficile de la banlieue parisienne. Les murs de sa chambre sont recouverts de posters de son héros, Cristiano Ronaldo.

Mbappé est né à Paris le 23 décembre 1998. Cinq mois plus tôt, la France fête sa première victoire en Coupe du monde lors de la finale contre le Brésil au stade de France, à moins de 10 kilomètres de la maison familiale, dans le nord-est de la ville.

Le père de Kylian, Wilfried, est un réfugié camerounais et sa mère, Fayza, est franco-algérienne. Il a un frère adoptif, Jirès Kembo Ekoko, qui a dix ans de plus que lui, et un jeune frère, Ethan, né en 2006.

La vie n'est pas toujours facile à Bondy pour la famille Mbappé, et la situation s'aggrave à l'automne 2005, alors que Kylian n'a que 6 ans, lorsque le quartier est touché par des émeutes opposant des jeunes à la police.

Mais le jeune garçon ne vit que pour le football. Un an plus tôt, il a rejoint le club local, l'AS Bondy, déjà déterminé à réaliser son rêve de devenir footballeur professionnel.

« J'ai un plan de carrière depuis mon plus jeune âge, déclare-t-il. Je sais ce que je veux faire, où je veux aller, et je ne laisserai rien ni personne perturber mes plans. »

La chambre de Kylian est couverte d'affiches de son héros, Cristiano Ronaldo. Le Portugais joue pour Manchester United lorsque le jeune garçon rejoint l'AS Bondy en 2004. Ce dernier est loin de se douter que, huit ans plus tard, il aura la chance de rencontrer son idole, alors attaquant au Real Madrid.

Mbappé fait forte impression à l'AS Bondy qui, très rapidement, détecte son énorme potentiel.

« Il avait une technique et une vision du jeu que la plupart des enfants n'ont tout simplement pas, se souvient le président du club, Athmane Airouche. Il n'a jamais joué avec son groupe d'âge, il a toujours joué avec ses aînés parce qu'il n'y avait aucune raison de le laisser avec des enfants de son âge. »

L'adolescent de banlieue parisienne vénère la légende portugaise Cristiano Ronaldo.

L'incroyable parcours de Mbappé dans le football commence lorsqu'il rejoint le club de Bondy à l'âge de 5 ans.

UNE FAMILLE SPORTIVE

L'ascension rapide et spectaculaire de Mbappé n'a rien de surprenant quand on connaît le passé sportif de sa famille.

Peu de joueurs parviennent à devenir professionnels sans le soutien de leurs parents. Mbappé ne fait pas exception : son père et sa mère ont tous deux joué un rôle fondamental dans le fait qu'il soit devenu l'une des plus grandes stars du football.

Le père de Kylian était un footballeur amateur talentueux devenu entraîneur pour l'AS Bondy en 1993. Il a coaché son jeune fils avant même qu'il ne rejoigne ce club. Aujourd'hui, c'est lui qui s'occupe de sa carrière. Sa mère, elle, était handballeuse professionnelle en France avant sa naissance ; elle lui a enseigné la discipline nécessaire pour parvenir au sommet.

« Il est né dans le football et le sport, déclare Athmane Airouche, le président de l'AS Bondy. Son père était animateur jeunesse, il travaillait avec les enfants du quartier. Par la suite, il est arrivé à l'AS Bondy.

« Il laissera une trace indélébile ici. Il nous a consacré vingt-cinq années de sa vie. Sa mère l'a également fortement influencé. C'était une grande handballeuse professionnelle.

« Kylian est presque né ici, dans ce club. Il était là quand son père était joueur, puis coach. Il apprenait déjà tout sur le football. »

L'influence familiale ne s'arrête pas là. Son frère aîné adoptif, Jirès Kembo Ekoko, est également footballeur. En 2006, Kylian a 7 ans lorsque celui-ci devient joueur professionnel à Rennes, club de première division. Ekoko, dont le père biologique a joué pour le Zaïre lors de la Coupe du monde 1974, a été sacré champion de France des moins de 21 ans et a passé six saisons au sein du club avant de jouer à Abu Dhabi, à Dubaï et en Turquie.

Les parents de Mbappé ont exercé une grande influence sur lui tandis qu'il poursuivait son rêve de devenir footballeur professionnel.

Son frère aîné adoptif, Jirès Kembo Ekoko a marqué 3 buts en 9 matchs pour l'équip de France espoirs.

Kylian a aussi un frère cadet, Ethan. Né en 2006, il fait déjà partie du centre de formation du PSG et semble prêt à suivre les traces de son frère. En avril 2019, Ethan a été invité à rejoindre le célèbre Centre national du football à Clairefontaine.

Ethan, le frère cadet de Mbappé, joue déjà au PSG, prêt à suivre les traces de son aîné.

L'AVENTURE ANGLAISE

Les plus grands clubs européens s'intéressent à Mbappé alors qu'il n'est encore qu'un enfant. Ainsi, en 2010, il traverse la Manche pour faire un essai à Chelsea.

Mbappé n'a pas encore soufflé ses douze bougies quand le recruteur français de Chelsea, Guy Hillion, l'invite à passer une semaine à Londres avec sa famille. Les champions en titre de Premier League ont entendu parler du jeune Parisien et sont impatients de le voir à l'œuvre.

L'enfant de 11 ans visite Stamford Bridge, rencontre l'entraîneur de l'équipe première Carlo Ancelotti et l'attaquant vedette Didier Drogba. Il participe également à un match amical contre le Charlton Athletic avec l'équipe des moins de 12 ans. Les jeunes Blues remportent le match 8-0.

« Ça a été une expérience merveilleuse, confiera un peu plus tard Mbappé. Chelsea est le premier grand club que je suis allé voir. C'était donc une véritable découverte pour moi. Je venais d'un club amateur. C'était un monde nouveau.

« Bien sûr, j'avais une idée de ce à quoi ressemblait un grand club de football. Mais j'ai été vraiment impressionné par la culture de travail et l'envie de progresser coûte que coûte. Cette visite m'a beaucoup aidé. Je me suis toujours dit : “C'est là que je veux être, je veux être l'un de ces grands joueurs qui essaient de donner du plaisir aux gens”. »

Cependant, ses parents ne veulent pas que leur jeune fils déménage en Angleterre et, six mois plus tard, malgré l'intérêt d'autres grands clubs comme Manchester City, Manchester United, Bayern Munich et Liverpool, il rejoint le centre de formation de la Fédération française de football à Clairefontaine.

Deux ans plus tard, la famille est invitée en Espagne par le Real Madrid et, bien que le jeune garçon de 13 ans y rencontre son héros, Cristiano Ronaldo, ainsi que le légendaire Zinédine Zidane, les Mbappé sont résolus à ce que Kylian commence sa carrière professionnelle en France.

« Nous ne sommes pas allés à Madrid pour en savoir plus sur le potentiel de notre fils, confie Wilfried, mais pour lui faire plaisir. »

L'Italien Carlo Ancelotti est l'entraîneur de Chelsea lorsque Mbappé est invité à Stamford Bridge pour un essai.

Le jeune Mbappé s'entraîne régulièrement au célèbre Centre de formation de football de Clairefontaine.

Mbappé n'a que 11 ans quand il rencontre pour la première fois le légendaire Didier Drogba, lors de sa visite au club londonien.

DEVENIR PRO

À 14 ans, Mbappé accepte de rejoindre l'AS Monaco, club de Ligue 1. Trois ans plus tard, il fait ses débuts en équipe première.

Le premier contrat professionnel d'un joueur est déterminant : il peut faire ou défaire une carrière. Beaucoup de jeunes footballeurs commettent ainsi l'erreur de signer pour un grand club sans jamais parvenir à se qualifier pour son équipe première. Les parents de Mbappé sont déterminés à ce que leur fils ne tombe pas dans ce piège.

En 2012, ils optent donc pour Monaco, d'après eux l'endroit idéal pour Kylian. Certes, le club se trouve à près de 850 kilomètres du foyer familial, mais ils estiment que c'est là que l'enfant de 13 ans a les meilleures chances de développer son talent et de devenir un joueur d'envergure internationale.

« C'est le club qui m'a aidé à grandir, déclare Mbappé dans une interview en 2016. Je me sens bien ici, et je vais pouvoir continuer à aller de l'avant. »

Le club de Monaco comprend d'emblée qu'il a entre les mains une superstar en devenir.

« Quand j'ai entendu parler de lui pour la première fois, mes collègues m'ont dit : "On a là un jeune garçon très talentueux, on doit lui proposer un contrat", se souvient Vadim Vasilyev, ancien vice-président du club. Alors j'ai répondu : "C'est quoi le problème ? Proposez-lui un contrat." Je savais que c'était un phénomène. Il n'était pas simplement "très bon" ou "super". Il était extraordinaire. »

Durant ses premières années dans la principauté, Mbappé progresse dans l'équipe de jeunes monégasque. À chaque étape, les entraîneurs du club sont impressionnés par sa maturité et son talent, si bien que l'entraîneur de l'équipe première, Leonardo Jardim, le considère rapidement prêt à faire ses débuts en senior.

En décembre 2015, Mbappé participe à son premier match de Ligue 1 contre Caen au stade Louis-II. Il démarre la rencontre sur le banc, mais Jardim le fait entrer à la 88e minute pour remplacer le défenseur international portugais Fábio Coentrão.

À 16 ans et 347 jours, Mbappé devient le plus jeune joueur de l'histoire de Monaco, battant le record établi vingt et un ans plus tôt par le légendaire attaquant Thierry Henry.

Le stade Louis-II à Monaco et son cadre pittoresque.

Tous les entraîneurs de Monaco ont été impressionnés par Mbappé. Il était évident que le jeune joueur n'aurait pas à attendre longtemps pour faire ses débuts en équipe première.

ADO À SUIVRE

Après ses débuts au sein de l'équipe première, Mbappé se forge une réputation grandissante grâce à une série de performances éblouissantes pour les Rouges-et-Blancs.

L'adolescent n'a pas eu le temps de montrer tous ses talents lors de sa première apparition en senior contre Caen. Mais l'entraîneur Leonardo Jardim reste convaincu de ses capacités extraordinaires et, huit jours plus tard, le nomme remplaçant lors du match d'Europa League contre Tottenham à Londres, le 10 décembre 2015.

Mbappé entre sur le terrain de White Hart Lane à la 56e minute. Après un autre match en Ligue 1 contre Saint-Étienne en tant que remplaçant, il est finalement nommé dans le onze de départ pour un match de Coupe de la Ligue contre Bordeaux. Il jouera l'intégralité des 90 minutes.

Pourtant, le meilleur reste à venir. En février 2016, il réécrit le palmarès monégasque lorsqu'il quitte le banc pour inscrire son premier but contre Troyes dans le temps additionnel : il s'élance dans la surface de réparation et termine élégamment son parcours du pied gauche.

Son but permet au club de s'imposer 3-1 mais surtout, à 17 ans et 62 jours, il fait de lui le plus jeune buteur de l'histoire de Monaco.

« Samedi, Mbappé s'est assuré une place dans le livre des records en devenant le plus jeune buteur de l'histoire de Monaco, détrônant ainsi Thierry Henry, rapporte le site de BBC Sport. Tout ira très bien pour lui s'il poursuit une carrière telle que celle d'Henry, qui avait 17 ans et 254 jours lorsqu'il a marqué son premier but pour le même club contre Lens en avril 1995. Henry a ensuite remporté la Coupe du monde avec la France en 1998. Mbappé est trop jeune pour s'en souvenir. »

Mbappé a rapidement intégré l'équipe première de Monaco après y avoir fait ses débuts en tant que remplaçant à l'âge de 16 ans.

Malgré le manque d'expérience professionnelle de Mbappé, l'entraîneur monégasque Leonardo Jardim ne tarde pas à repérer son énorme potentiel.

L'adolescent fait encore six autres apparitions en Ligue 1 pour le club, qui finit 3e, durant la saison 2015-2016 : deux en tant que titulaire, et quatre en tant que remplaçant. Bien qu'il ne retrouve plus le chemin des filets, Mbappé est rapidement considéré comme l'un des jeunes talents français les plus en vue.

Le match d'Europa League qui oppose Monaco à Tottenham au White Hart Lane lors de la saison 2015-2016, lui offre un avant-goût du football européen.

CHAMPION EUROPÉEN

Après avoir intégré l'équipe première monégasque, Mbappé se rend en Allemagne à l'été 2016 pour représenter son pays au Championnat d'Europe des moins de 19 ans.

Pour la première fois en six ans, la France espère se qualifier pour le titre de championne d'Europe. Pourtant, tout commence mal, avec une défaite 1-2 face à l'Angleterre en phase de groupes. Mais grâce à une brillante série de 3 matchs dans lesquels Mbappé inscrit but sur but, les Bleuets remportent finalement le titre.

Trois jours après la défaite contre l'Angleterre, Mbappé marque son premier but contre la Croatie à Aalen (victoire : 2-0). Il retrouve par deux fois

La sélection de Mbappé pour le Championnat d'Europe des moins de 19 ans témoigne de la rapide ascension de l'adolescent.

le chemin des buts dans le dernier match de poule contre les Pays-Bas, la France l'emportant 5-1.

Les Bleuets se qualifient pour les demi-finales, où ils rencontrent le Portugal. Le score est à égalité à la mi-temps (1-1). Après la pause, Mbappé s'impose comme la vraie star du match, marquant aux 67e et 75e minutes un doublé qui assure à la France une victoire 3-1 et une place en finale.

Reste à présent à battre l'Italie. Bien que Mbappé n'ait marqué aucun but lors de cette victoire 4 à 0 au Rhein-Neckar-Arena de Stuttgart face à 25 000 personnes, il parvient à terroriser la défense italienne du début à la fin du match.

Cette compétition le révèle comme l'un des joueurs les plus doués du football européen. Avec 5 buts inscrits, il est le deuxième meilleur buteur du tournoi, juste derrière son coéquipier Jean-Kévin Augustin. Nommé dans l'équipe du tournoi U19 de l'UEFA, l'adolescent garde pourtant la tête sur les épaules.

« Nous sommes allés le voir en finale, confie Athmane Airouche, président de son ancien club, l'AS Bondy. Nous l'avons rencontré après le match et nous avons été surpris qu'il ne soit pas sorti faire la fête avec ses coéquipiers. Au lieu de cela, il voulait rentrer directement chez lui. Pour lui, il avait atteint son objectif d'être champion d'Europe et pensait déjà à la suite : retourner à Monaco, retrouver l'équipe et remporter plus de titres. »

Mbappé a marqué 2 buts en demi-finale contre le Portugal lors de la seconde période, ce qui a permis à la France de se qualifier pour la finale.

Grâce à sa victoire 4-0 en finale contre l'Italie, la France est sacrée championne d'Europe des moins de 19 ans pour la 8e fois.

VICTOIRE EN LIGUE

Pour sa deuxième saison en équipe senior, Mbappé est au meilleur de sa forme tandis que l'AS Monaco est sacré champion de France pour la première fois en dix-sept ans.

Mbappé n'a que 17 ans lorsque débute la saison 2016-2017, mais il s'est déjà forgé une sacrée réputation. Cette année-là, Monaco s'adjuge le titre de champion de Ligue 1 avec 8 points d'avance sur le Paris Saint-Germain.

Mbappé compte dès le début parmi l'équipe titulaire de Leonardo Jardim et, en octobre, il marque son premier but de la saison contre Montpellier, battu 6-2.

Deux semaines plus tard, il marque de nouveau lors du match contre Nancy, mais le mieux est à venir. En février, Mbappé réalise le tout premier triplé de sa carrière en Championnat, contre Metz vaincu 5-0. Il devient ainsi le plus jeune joueur à réaliser un triplé en Ligue 1 depuis douze ans.

En mars, il inscrit un doublé contre Nantes, et affiche déjà un score de 10 buts en championnat. Il devient ainsi le plus jeune joueur à atteindre ce record en Ligue 1 depuis trente ans. Ce même mois, il est sélectionné pour la première fois en équipe de France. Le 25 mars 2017, lors d'un match de qualification pour la Coupe du monde contre le Luxembourg, Mbappé entre sur le terrain à la 78e minute de jeu pour remplacer Dimitri Payet et fait ainsi ses débuts internationaux en club.

Le nombre de buts qu'il inscrit croît au même rythme que sa réputation. En avril, il est élu joueur du mois et en mai, il marque son 15e but en Ligue 1 lors d'une victoire 2-0 contre Saint-Étienne. Cette victoire permet à Monaco de s'assurer le titre de champion.

« Nous avons réussi à tenir le coup face à des équipes comme Paris et Nice, qui ont maintenu un rythme soutenu jusqu'à la fin, déclare Mbappé. Malheureusement pour eux, mais heureusement pour nous, c'est nous qui partons avec le trophée. »

Mbappé connaît une saison exceptionnelle, récompensée par de nombreux prix. Il est élu meilleur espoir de l'année et nommé dans l'équipe type de la saison de Ligue 1. En décembre 2017, le mois de ses 19 ans, il est élu jeune joueur français de l'année, achevant ainsi une année incroyable.

29 matchs et 15 buts inscrits en Championnat en 2016-2017 pour l'attaquant. Cette année-là, Monaco s'octroie le titre de champion de Ligue 1.

Mbappé réussit une brillante saison, ce qui lui vaut le titre de jeune joueur de l'année.

À L'ASSAUT DE LA SCÈNE EUROPÉENNE

Mbappé est l'étoile montante de la Ligue des champions en 2016-2017 : il inscrit le meilleur score pour Monaco alors que l'équipe se qualifie pour les demi-finales.

Mbappé se fait un nom en Ligue des champions, la plus grande compétition entre clubs européens, alors que l'AS Monaco bat Manchester City et le Borussia Dortmund en 2016-2017, se qualifiant ainsi pour les demi-finales.

À la fin du mois de septembre, le jeune Français participe pour la première fois au tournoi contre les Allemands du Bayer Leverkusen lors de la phase de groupes. Il prend ensuite part aux matchs aller et retour contre le CSKA Moscou et, en février, il inscrit son premier but en Ligue des champions, lors du match aller des huitièmes de finale contre Manchester City.

Monaco est battu 5-3 en Angleterre, mais Mbappé participe à la remontée de l'équipe lors du match retour

Le jeune footballeur a fait ses débuts en Ligue des champions contre le Bayer Leverkusen en septembre 2016.

Grâce à Mbappé, Monaco a pu rejoindre les demi-finales de la Ligue des champions.

au stade Louis-II, en inscrivant un but à la 8e minute. La victoire 3-1 de Monaco lui permet de se qualifier pour les quarts de finale.

En quart de finale, l'équipe affronte Dortmund. Mbappé marque un doublé à l'aller en Allemagne et un but lors du triomphe 3-1 à domicile, sept jours plus tard.

Cela faisait treize ans que Monaco ne s'était pas qualifié pour les demi-finales de la Ligue des champions. Bien que la Juventus s'avère trop forte en demi-finale (4-1 sur les 2 matchs), Mbappé, lui, fait sensation en inscrivant l'unique but contre les champions de Serie A à Turin.

Au total, il marque 6 fois lors de la compétition en 2016-2017, plus que n'importe quel autre joueur monégasque et à égalité avec l'autre Français le plus prolifique de la Ligue des champions cette année-là, Antoine Griezmann de l'Atlético Madrid. Mbappé a mérité sa place au sein de l'élite européenne.

En reconnaissance de ses performances, l'UEFA le nomme parmi les dix-huit joueurs de son équipe type de la saison, composée entre autres de son idole de jeunesse, Cristiano Ronaldo, ainsi que des superstars Lionel Messi, Sergio Ramos et Toni Kroos.

Après avoir inscrit 26 buts en 44 matchs lors de la saison 2016-2017, Mbappé est élu jeune joueur européen de l'année, une récompense qui marque son ascension fulgurante de jeune espoir à star internationale.

En huitième de finale, il marque à domicile et à l'extérieur contre le géant de la Premier League, Manchester City, assurant ainsi la place de Monaco en quart de finale.

À DOMICILE AVEC MBAPPÉ

Quand il ne tourmente pas la défense adverse, le jeune Français mène une vie paisible dans sa ville natale de banlieue parisienne.

Mbappé devient très tôt riche et célèbre. Pourtant, malgré son incroyable succès, il sait rester modeste et généreux, et se tenir éloigné de la vie mondaine que mènent les autres footballeurs.

« Je suis peut-être en avance sur mon âge, mais dans la vraie vie, je suis encore un enfant, déclare-t-il dans une interview en 2018. Footballeur ne rime pas avec Ferrari. Je n'ai pas de voiture, ce n'est pas grave. »

Lors de la Coupe du monde 2018, il fait preuve de générosité en décidant de reverser à une association caritative ses primes de match, d'un montant de 21 000 euros par match, ainsi que sa prime de victoire de plus de 310 000 euros.

Plutôt que de placer cet argent à la banque, il décide d'en faire don à l'association Premiers de cordée, qui organise des événements sportifs pour les enfants handicapés.

« Je gagne assez d'argent, beaucoup d'argent, explique-t-il. Je pense que c'est important d'aider ceux qui sont dans le besoin. Beaucoup de personnes souffrent, ont des maladies. Pour des gens comme nous, donner un coup de main, ce n'est pas grand-chose.

« Ça ne change pas ma vie mais ça change la leur. Et si c'est le cas, je le fais avec plaisir. J'ai donné cet argent à l'association dont je suis le parrain parce qu'être handicapé est quelque chose de difficile. Leur montrer qu'ils peuvent faire du sport comme n'importe qui, ça me tient énormément à cœur. »

À part le football, Mbappé apprécie aussi beaucoup le tennis. Son joueur préféré est son compatriote Jo-Wilfried Tsonga. En 2019, à Roland-Garros, il remet un maillot français à la star suisse Roger Federer.

Depuis son plus jeune âge, Mbappé est également un grand fan de baskets. « J'aime avoir ma petite collection, avoue-t-il. Ça fait toujours du bien de balancer une vieille paire de temps en temps. Je suis comme un enfant avec un jouet tout neuf quand j'ai une nouvelle paire de baskets. J'ai toujours aimé les baskets, donc c'est un plaisir d'en acheter de nouvelles et de les associer à mes vêtements. »

Mbappé est un grand fan de tennis. On le voit ici parmi les spectateurs de Roland-Garros en 2019, lors d'un match de Roger Federer.

Mbappé a fait preuve de générosité en faisant don de ses primes de match perçues lors de la Coupe du monde 2018, à l'association Premiers de cordée.

SUPER DOUÉ

Mbappé possède tous les atouts techniques et physiques pour devenir l'un des meilleurs joueurs de la planète.

La façon de se déplacer sur le terrain de la star du PSG est l'une de ses marques de fabrique et le rend presque impossible à suivre.

DÉPLACEMENTS

Les déplacements sont une marque de fabrique de Mbappé. Il est l'un des meilleurs au monde lorsqu'il s'agit de créer de l'espace quand un coéquipier possède le ballon, et de surgir dans la surface de réparation.

PAR LE CENTRE

Souvent déployé à l'extérieur, Mbappé est tout aussi dangereux lorsqu'il joue au centre. Son rythme, ses déplacements et sa soif de buts font de lui un cauchemar pour les défenseurs centraux.

DE DROITE À GAUCHE

Mbappé est droitier mais il s'avère tout aussi dangereux du pied gauche. Lorsqu'il joue à droite, il est capable d'utiliser son pied gauche, « plus faible ». Cependant, à gauche, il ouvre l'espace grâce à son pied le plus fort.

DRIBBLE MEURTRIER

La vitesse n'est rien sans contrôle, et la capacité de Mbappé à conserver le ballon pendant un sprint est incroyable. Il donne presque l'impression que la balle est attachée à son pied, même lorsqu'il est en plein élan.

À l'instar des meilleurs attaquants de la planète, Mbappé est brillant dans les airs et sa tête est redoutable.

DE LA TÊTE

Malgré sa taille (1,78 m), Mbappé peut être dangereux dans les airs. Grâce à ses sauts, il est capable de dépasser des défenseurs plus grands et de se créer l'espace nécessaire pour marquer un but de la tête.

À FOND LES BALLONS

Les accélérations de Mbappé constituent une véritable arme offensive. Lorsqu'il est lancé à pleine vitesse, il terrorise les défenses adverses. Peu de joueurs dans le monde sont capables de rivaliser avec lui dans cette spécialité.

Peu de joueurs sur la planète peuvent tenir la cadence du Français lorsqu'il est lancé à pleine vitesse.

GRANDS BUTS MONÉGASQUES

Durant ses deux saisons en Ligue 1 avec l'ASM, l'attaquant français a marqué des buts spectaculaires. En voici 5 parmi les meilleurs.

MANCHESTER CITY 5 / MONACO 3

Ligue des champions, 21 février 2017

Mbappé inscrit un premier but spectaculaire en Ligue des champions, un véritable boulet de canon, contre Manchester City à l'Etihad Stadium. Il est le plus rapide à répondre à une passe en profondeur dans la surface de réparation adverse, et tire une demi-volée imparable, qui frôle les gants de Willy Caballero et finit dans le haut du filet.

MONACO 5 / METZ 0

Ligue 1, 11 février 2017

Les attaquants d'envergure internationale sont capables de marquer des deux pieds. Mbappé montre qu'il est l'un de ceux-là avec une superbe frappe du gauche contre Metz. Il récupère le ballon à l'entrée de la surface de réparation et, avant que la défense messine ne puisse réagir, il frappe la balle de l'intérieur de son pied le plus faible et marque.

MONACO 7 / RENNES 0

Coupe de la Ligue, 14 décembre 2016

Le jeune footballeur réussit un triplé contre Rennes dans ce match de Coupe de la Ligue, dont le plus beau but est sans aucun doute le premier.
Mbappé récupère le ballon juste à l'intérieur de la surface adverse, dribble la défense à une vitesse fulgurante et se retrouve face au gardien Paul Nardi, qu'il esquive tranquillement d'un tir brossé.

Mbappé inscrit un superbe triplé, son premier en tant que pro, fin 2016, en Coupe de la Ligue contre Rennes.

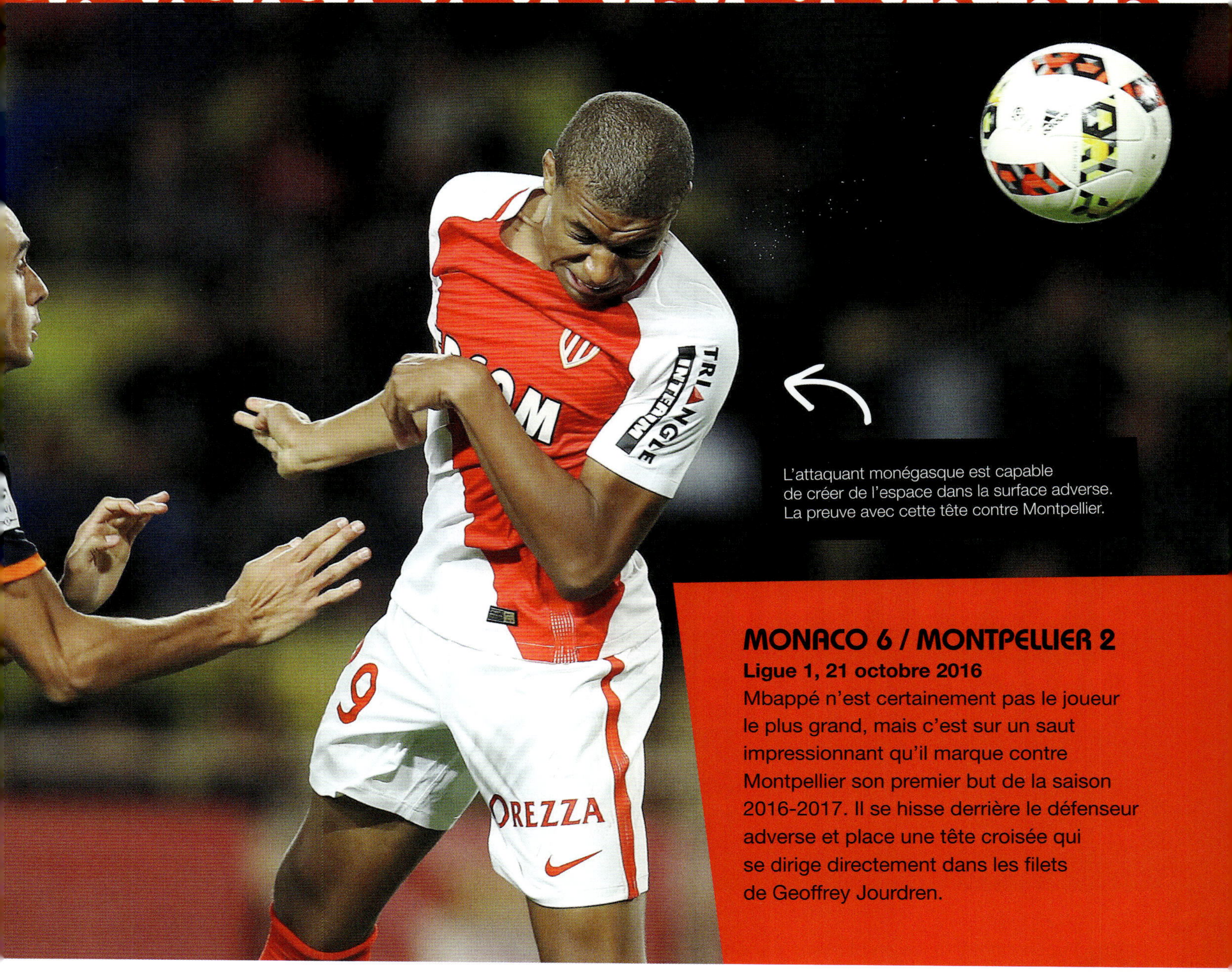

L'attaquant monégasque est capable de créer de l'espace dans la surface adverse. La preuve avec cette tête contre Montpellier.

MONACO 6 / MONTPELLIER 2

Ligue 1, 21 octobre 2016

Mbappé n'est certainement pas le joueur le plus grand, mais c'est sur un saut impressionnant qu'il marque contre Montpellier son premier but de la saison 2016-2017. Il se hisse derrière le défenseur adverse et place une tête croisée qui se dirige directement dans les filets de Geoffrey Jourdren.

MONACO 4 / NANTES 0

Ligue 1, 5 mars 2017

Les meilleurs attaquants se reconnaissent par leur réaction rapide et Mbappé n'échappe pas à la règle avec ce but. Le ballon est dévié de manière inattendue par un défenseur nantais et, en un clin d'œil, Mbappé le récupère d'une belle volée du pied droit qui atterrit dans le but adverse.

Mbappé prouve qu'il fait partie de l'élite grâce à son extraordinaire réflexe contre Nantes.

Mbappé a atteint ce niveau dans le football professionnel grâce à un entraînement acharné et une recherche constante de la perfection.

S'ENTRAÎNER AVEC MBAPPÉ

Bien que Mbappé possède un talent naturel incroyable, c'est grâce à son travail et sa détermination qu'il atteint des sommets.

Depuis son enfance en banlieue parisienne, Mbappé consacre des heures à s'entraîner pour s'améliorer et devenir le joueur de classe mondiale qu'il est aujourd'hui. Même s'il est déjà champion du monde et triple vainqueur de Ligue 1, il s'implique toujours autant, aussi bien à l'entraînement que pendant les matchs.

Son premier club professionnel, l'AS Monaco, reconnaît son professionnalisme et son attitude remarquables. « Il ne vit que pour le football. En fait, il ne pense à rien d'autre, affirme l'ancien vice-président du club, Vadim Vasilyev. Il n'est même pas sorti faire la fête quand nous avons remporté le titre en 2017. Il est vraiment dévoué et a réellement l'esprit de compétition. Il veut battre tous les records.

« Il me rappelle un peu Cristiano Ronaldo, que je connais bien aussi. Kylian connaît tous les records et il veut toujours être le plus jeune joueur sur le terrain à marquer, à gagner cette coupe, à remporter ce titre. C'est vraiment un grand compétiteur. »

Mbappé s'entraîne toujours autant afin de réaliser son rêve, celui de devenir le meilleur joueur du monde.

Pelé, la légende brésilienne, est un grand fan de la star du PSG. Il pense que le jeune footballeur peut remporter plusieurs Coupes du monde avec la France.

Mbappé prend toujours l'entraînement et le jeu très au sérieux. Au début de la saison 2018-2019, il décide de compter le nombre de buts qu'il marque à l'entraînement avec le PSG. En février 2019, quelques jours seulement après avoir marqué contre Manchester United à Old Trafford en Ligue des champions, il a déjà atteint un total de 100. Pour marquer le coup, ses coéquipiers lui offrent un t-shirt portant la mention « Mbappé 100 Training ».

Pelé est le premier footballeur célèbre à avoir compté le nombre de buts qu'il inscrivait à l'entraînement. La légende brésilienne, triple vainqueur de la Coupe du monde, estime que l'éthique professionnelle et le talent du Français vont l'aider à devenir le meilleur joueur de la planète.

« Il a gagné la Coupe du monde à l'âge de 19 ans, moi, j'en avais 17, affirme le Brésilien. Je l'ai taquiné en disant qu'il m'avait presque égalé, mais je pense sérieusement qu'il peut devenir le nouveau Pelé. »

MBAPPÉ EN CHIFFRES

Quelques chiffres qui retracent l'incroyable carrière de la star du PSG.

Mbappé a remporté de grands succès en club et en équipe nationale en seulement cinq saisons chez les pros.

16

Âge auquel il fait ses débuts professionnels avec l'AS Monaco, dans un match de Ligue 1 contre Caen, en décembre 2015.

39

Nombre de buts inscrits en 43 matchs avec le PSG, toutes compétitions confondues, pour la saison 2018-2019.

180 000 000

Montant, en euros, payé par le PSG à l'AS Monaco pour récupérer le jeune joueur à l'été 2017.

3

Nombre de triplés inscrits en Ligue 1 avec le PSG en 2018-2019.

23

Distance parcourue, en mètres, par le ballon lors de son merveilleux but contre la Croatie en finale de la Coupe du monde 2018.

534

Nombre de minutes jouées par Mbappé pour la France lors de la Coupe du monde en Russie.

7 Numéro de maillot porté par Mbappé au PSG à partir de la saison 2018-2019, après ses exploits en Coupe du monde.

4 Nombre de titres de meilleur joueur du mois de Ligue 1 remportés par Mbappé.

34 Nombre de minutes qu'il a fallu à Mbappé pour marquer son premier but en Ligue des champions pour le PSG. C'était contre le Celtic en septembre 2017.

62 Nombre de jours entre son 17e anniversaire et le premier but de sa carrière professionnelle en Ligue 1, contre Caen, en février 2016.

87 Nombre de buts inscrits pour l'AS Monaco et le PSG, toutes compétitions confondues, au 1er août 2019.

13 Nombre de buts inscrits en équipe de France lors de ses 33 premiers matchs en compétitions internationales.

COÉQUIPIERS SUPERSTARS

Le vainqueur de la Coupe du monde est entouré de joueurs de niveau international au PSG. Voici quelques-uns de ses coéquipiers légendaires.

Mbappé et Neymar ont inscrit à eux deux 111 buts toutes compétitions confondues lors de leurs deux premières saisons communes à Paris.

THIAGO SILVA

Silva est un défenseur central très expérimenté. Il débute sa carrière professionnelle dans son pays natal, le Brésil, en 2004. Après être passé par le grand club italien du Milan AC, il signe avec le PSG en 2012, et il est rapidement nommé capitaine de l'équipe. C'est lui qui mène le PSG au titre de champion de Ligue 1 en 2013, mettant ainsi fin à dix-neuf ans d'attente. Sous sa superbe direction, le PSG remporte 15 compétitions majeures. Au cours de chacune de ses sept saisons au sein du club parisien, Thiago Silva est nommé dans l'équipe type de Ligue 1.

NEYMAR

L'incroyable meneur de jeu brésilien devient le footballeur le plus cher de l'histoire en août 2017, lors de son transfert à 222 millions d'euros de Barcelone au PSG. Vainqueur de la Ligue des champions et de la Liga avec le géant espagnol, Neymar inscrit plus de 50 buts lors de ses deux premières saisons au PSG et est nommé meilleur joueur de Ligue 1 pour l'année 2017-2018 après avoir aidé son club à remporter un triplé en Championnat et en Coupes.

Mbappé et Di María semblent être sur la même longueur d'ondes depuis que le jeune Français a signé au PSG en 2017.

ÁNGEL DI MARÍA

Di María, l'élégant milieu de terrain argentin, quitte Manchester United en 2015 pour rejoindre le PSG. Il comptabilise 100 sélections avec l'équipe d'Argentine en 2019. Par ailleurs, il a remporté les Championnats portugais et espagnols avec, respectivement, Benfica et le Real Madrid, ainsi que 3 titres de champion de Ligue 1 avec le PSG. Il a aussi remporté une médaille d'or aux Jeux olympiques de Pékin 2008 et a participé à la finale de la Coupe du monde 2014.

EDINSON CAVANI

Attaquant implacable tant en club qu'en sélection nationale, Cavani est le meilleur buteur de l'histoire du PSG, avec 194 buts inscrits en 281 participations à la fin de la saison 2018-2019. L'attaquant uruguayen est arrivé en France à l'été 2013 après avoir officié à Naples. Depuis son transfert à 64 millions d'euros, il a marqué 20 buts ou plus chaque saison. Son incroyable palmarès affiche 48 buts internationaux en 114 participations, et 394 buts en club et en équipe nationale au début de la saison 2019-2020.

Cavani, Mbappé et Neymar sont devenus l'un des trios offensifs les plus redoutés du football mondial.

STAR INTERNATIONALE

Après ses extraordinaires performances avec le PSG et l'équipe de France, Mbappé est devenu l'un des plus célèbres joueurs de la planète.

Après la victoire de la France en Coupe du monde en 2018, le succès de Mbappé dépasse les frontières, et le jeune Français devient soudainement le centre d'intérêt des fans et des médias. Le nouveau visage du football français s'affiche partout et, trois mois seulement après la finale, il fait la une du célèbre magazine américain *Time*.

Il n'est que le quatrième footballeur, après Lionel Messi, Neymar et Mario Balotelli, à faire la couverture de cet hebdomadaire. « Son talent à couper le souffle l'a fait connaître dans le monde entier, en l'espace de quelques mois à peine, peut-on lire sous la plume de la journaliste qui l'a interviewé. Il n'aurait jamais pu imaginer gagner autant d'argent. Nike dessine des baskets très chères qui portent son nom. LeBron James veut le rencontrer la semaine de son arrivée. Et quand il sort dans la rue, les gens lui courent après pour un autographe. » Le même magazine classe Mbappé parmi les vingt-cinq leaders de demain.

Pour célébrer la victoire de la France, un panneau géant est fixé, qui recouvre les onze étages d'un immeuble de Bondy, avec pour message, « Bondy : ville des possibles ».

Mbappé est aussi une star des réseaux sociaux : il compte plus de 24 millions de followers sur Instagram. C'est plus que l'ancien président américain Barack Obama et que l'actuel président français Emmanuel Macron. Son compte Twitter, lui, en compte plus de 3 millions.

Mbappé est également très populaire au Cameroun, pays d'origine de son père. Pendant la Coupe du monde, on pouvait y entendre des fans de football scander son nom dans les rues. Un propriétaire de la ville de Douala a même rebaptisé son bar « Mbappé » en son honneur.

Sa notoriété ne cesse de croître et, lors de la tournée d'avant-saison du PSG en Asie en 2019, le célèbre dessinateur japonais du manga *Olive et Tom* lui offre un dessin le représentant en train de célébrer un but, dans sa fameuse pose, les bras croisés.

Depuis ses exploits lors de la Coupe du monde 2018, les plus grandes marques du monde s'arrachent Mbappé.

Avec des millions de fans qui le suivent sur les réseaux sociaux, la popularité de Mbappé ne cesse de croître ces dernières années.

Mbappé est aujourd'hui une icône internationale, mais il reste un héros dans la banlieue de Bondy où il a grandi.

JOUER AU PSG

Après moins de deux saisons au sein de l'équipe première de l'AS Monaco, Mbappé se voit proposer un contrat avec le Paris Saint-Germain.

Il n'est pas surprenant qu'après ses exploits lors de la saison 2016-2017, des clubs plus riches et plus importants que Monaco tentent d'attirer son joueur vedette. Ainsi, en août 2017, le PSG propose au club monégasque la somme vertigineuse de 180 millions d'euros pour décrocher Mbappé.

Le jeune homme a hâte de retourner à Paris ; il accepte donc cette offre, bien qu'il lui reste deux ans de contrat avec l'AS Monaco. Cet accord fait de lui le footballeur de moins de 20 ans le plus cher de l'histoire du football, et le deuxième joueur le plus cher, derrière son nouveau coéquipier Neymar. Le montant proposé est le plus élevé jamais enregistré entre deux clubs de la même division.

« C'est avec beaucoup de joie et de fierté que je rejoins le Paris Saint-Germain, déclare Mbappé. Pour tout jeune originaire de la région parisienne, c'est souvent un rêve de pouvoir porter le maillot rouge et bleu, et de goûter à l'atmosphère unique du Parc des Princes.

« J'ai été séduit par le projet du club, c'est l'un des plus ambitieux en Europe. Aux côtés de mes nouveaux coéquipiers, je compte poursuivre dès aujourd'hui ma progression tout en aidant l'équipe à atteindre les très grands objectifs qu'elle s'est fixés. »

Arborant le maillot 29, Mbappé rejoint le PSG sur la base d'un prêt d'un an, avec une option d'achat qui sera levée après sa première saison avec le club.

« Il était primordial pour le football français de

Le transfert record de Mbappé au PSG à l'été 2017 constitue une étape supplémentaire dans l'incroyable ascension du jeune footballeur.

garder et de faire progresser un tel talent dans notre Championnat, affirme Nasser Al-Khelaïfi, président du PSG. Parmi les joueurs de son âge, il est sans nul doute l'un des plus prometteurs au monde grâce à ses immenses qualités techniques, physiques et mentales. Depuis qu'il est entré dans l'élite, il véhicule une excellente image, celle d'un jeune joueur très respectueux, ouvert, ambitieux et déjà très mature. »

Le président du PSG, Nasser Al-Khelaïfi, était prêt à dépenser des sommes folles pour intégrer Mbappé au sein de son équipe.

Ouvert en 1972, le Parc des Princes, nouveau domicile de Mbappé, possède une capacité de 47 929 places.

TOUT GAGNER

Mbappé connaît une première saison sensationnelle au PSG, alors que l'équipe remporte tous les titres de première division.

Le PSG ne s'est pas trompé en dépensant une somme considérable pour acquérir Mbappé. En effet, très rapidement, le jeune footballeur forme un trio offensif redoutable avec l'Uruguayen Edinson Cavani et le Brésilien Neymar.

Début septembre 2017, il inscrit son premier but en Ligue 1 face à Metz. Quatre jours plus tard, il marque son premier but européen en club lors d'une victoire 5-0 face au Celtic, à Glasgow, en Ligue des champions. Son premier doublé a lieu début novembre, contre Angers.

La victoire de Mbappé et du PSG contre les Herbiers en finale de la Coupe de France a permis au club de remporter le triplé.

Son premier titre arrive au mois de mars, lorsque le PSG affronte Monaco en finale de la Coupe de la ligue à Bordeaux. Mbappé n'inscrit pas de but contre son ancien club, mais il provoque le penalty marqué par Cavani en début de match et fait une passe décisive à Ángel Di María qui en marque un 2ᵉ. Le PSG s'impose 3-0 et remporte sa 5ᵉ victoire consécutive dans la compétition.

Le titre suivant ne se fait pas attendre. Le PSG se rend dans le Sud pour affronter Monaco en avril, sachant qu'une victoire lui permettrait de remporter le Championnat. Bien que Mbappé rate le match à cause d'une blessure, ses coéquipiers s'imposent 7-1. Pour la deuxième saison consécutive, Mbappé fait partie d'une équipe gagnante.

Il reste une dernière compétition à remporter : la Coupe de France. Pendant le tournoi, Mbappé inscrit 4 buts en 4 matchs. Le PSG parvient à se qualifier pour la finale, où il affronte les Herbiers, un club de troisième division, au stade de France. Le jeune attaquant frappe un poteau et voit un de ses buts écarté par la VAR. Mais cela ne change rien au résultat final, puisque le PSG remporte le match 2-0 et boucle ainsi le triplé.

Au total, Mbappé marque 13 buts en 27 matchs cette saison-là. Pour la deuxième année consécutive, il est élu meilleur espoir de Ligue 1, et il fait partie de la sélection pour l'équipe type de la saison de Ligue 1, clôturant ainsi en beauté une première saison exceptionnelle au PSG.

Avec la victoire de Ligue 1 en 2017-2018, sa première saison au PSG, Mbappé remporte le 2ᵉ titre français consécutif de sa jeune carrière.

Mbappé remporte la Coupe de la Ligue pour la première fois en 2018, après que le PSG bat son ancien club Monaco en finale à Bordeaux.

PAROLES DE COACHS

Mbappé : ce qu'en disent ses entraîneurs.

« Kylian est un joueur extrêmement talentueux, c'est aussi quelqu'un de positif. Il a soif de victoire. Il a vraiment l'esprit de compétition, même à l'entraînement. Il sait insuffler un bon esprit aux autres joueurs et les encourager à donner le meilleur d'eux-mêmes. C'est ce qui le rend unique. C'est génial qu'il joue pour notre équipe. Il est accueilli à bras ouverts dans tous les stades français. »
Thomas Tuchel, entraîneur du PSG depuis 2018

Didier Deschamps, entraîneur de l'équipe de France et champion du monde 1998 et 2018, a offert à Mbappé ses débuts internationaux contre le Luxembourg en mars 2017.

« Kylian est capable de choses extraordinaires. Il n'y a qu'à regarder ses statistiques en termes d'efficacité. Regardez les buts qu'il marque, que ce soit avec son club ou avec nous, les buts qu'il fait marquer aussi. C'est un leader offensif pour le PSG et pour nous aussi. Kylian a cette qualité de s'adapter à nos besoins. »
Didier Deschamps,
entraîneur de l'équipe de France depuis 2012

« Mbappé ne me surprend pas du tout. Je l'ai vu s'entraîner tous les jours depuis ses 17 ans et ça semblait évident. Nous savons que c'est un joueur de grande qualité avec un avenir exceptionnel. S'il maintient ce niveau et cette évolution, il peut être le successeur de Cristiano Ronaldo. »
Leonardo Jardim, entraîneur de l'AS Monaco de 2014 à 2018

Mbappé a passé les deux premières saisons de sa carrière professionnelle sous l'œil attentif de l'entraîneur monégasque Leonardo Jardim.

« Il veut être un grand joueur et il progresse rapidement. Il a beaucoup de talent et de volonté. L'idée, quand nous l'avons recruté, c'était qu'il aide l'équipe à grandir, et que l'équipe l'aide aussi à grandir. »
Unai Emery, entraîneur du PSG de 2016 à 2018

« La première fois que je l'ai entraîné, il avait 6 ans. C'était clair qu'il était à part. Kylian pouvait faire beaucoup plus que les autres enfants. Son dribble était déjà fantastique et il était beaucoup plus rapide que les autres. C'était le meilleur joueur que j'avais jamais vu. À Paris, il y a beaucoup de joueurs doués, mais je n'avais jamais vu quelqu'un d'aussi talentueux que lui. »
Antonio Riccardi, entraîneur des jeunes de l'AS Bondy

Unai Emery est l'entraîneur qui a accueilli Mbappé au PSG et l'a aidé à devenir l'un des joueurs les plus passionnants et les plus constants du circuit.

CHAMPION DU MONDE

Un peu plus d'un an après ses débuts internationaux avec les Bleus, Mbappé se rend en Russie à l'été 2018 pour disputer la Coupe du monde pour la France.

Mbappé n'est pas encore né lorsque la France est sacrée championne du monde pour la première fois en 1998. Et lorsqu'il se rend en Russie vingt ans plus tard pour mener son pays vers un 2e titre, il n'a encore jamais participé à un tournoi senior.

Il est sélectionné pour le premier match de groupe contre l'Australie, remporté 2-1 par la France. Mais c'est lors de sa 2e participation, cinq jours plus tard contre le Pérou, que Mbappé fait la une des journaux en inscrivant le seul but sur une frappe instinctive qui permet à son équipe de marquer 3 précieux points. À 19 ans et 164 jours, Mbappé devient ainsi le plus jeune buteur français de l'histoire de la Coupe du monde.

Un nul contre le Danemark permet aux Bleus de se qualifier pour les huitièmes de finale, où ils rencontrent l'Argentine. Mbappé fait la différence entre les deux équipes : il récupère le ballon dans sa propre moitié de terrain et offre à son équipe l'occasion de marquer un premier but grâce à un penalty tiré par Griezmann. Mbappé inscrit 2 buts en seconde période. La France finit par s'imposer 4-3 et se qualifie pour les quarts de finale.

Il inscrit son premier but du pied gauche à la 64e minute, après un dribble époustouflant dans la surface de réparation. À peine 4 minutes plus tard, il marque le 2e d'une frappe du pied droit à l'entrée de la surface et coiffe le gardien Franco Armani au deuxième poteau. Ce doublé fait de lui le deuxième joueur de moins de 20 ans de l'histoire, après le légendaire Pelé en 1958, à marquer 2 buts dans un match éliminatoire de Coupe du monde.

En quart de finale, les Bleus n'ont aucun mal à battre l'Uruguay (score : 2-0), mais la Belgique s'avère plus coriace pendant la demi-finale. Malgré une autre performance éblouissante de Mbappé, c'est une tête du défenseur Samuel Umtiti en seconde période qui fait la différence.

La France est qualifiée pour la finale et Mbappé est sur le point de vivre le plus grand moment de sa carrière.

Mbappé inscrit son premier but en Coupe du monde contre le Pérou à l'Ekaterinbourg Arena.

Le jeune Français était en pleine forme lors de la victoire 4-3 contre l'Argentine en huitième de finale de la Coupe du monde 2018.

LE RÊVE MOSCOVITE

La France affronte la Croatie en finale de la Coupe du monde 2018 en Russie. Le match, marqué par une incroyable performance de Mbappé, se solde par une victoire des Bleus.

Mbappé n'a que 19 ans et 207 jours lorsqu'il pénètre sur le terrain du stade Loujniki le 15 juillet 2018, ce qui fait de lui le troisième jeune de moins de 20 ans à disputer une finale de Coupe du monde. Pourtant, il ne laisse transparaître aucune nervosité.

Ils sont 78 000 spectateurs à suivre le match dans le stade, des milliards d'autres dans le monde à le regarder à la télévision, et tous voient la France prendre la tête à la 18e minute, lorsque Mario Mandžukić marque contre son camp. À la mi-temps, le score est de 2-1 pour les Bleus. Mbappé est alors prêt à entrer en scène.

Sa première contribution intervient à la 59e minute, lorsqu'il fait irruption dans la surface de réparation par l'aile droite et centre en retrait pour Paul Pogba, qui marque. Quelques minutes plus tard, il trompe Danijel Subašić d'une superbe frappe à ras de terre depuis l'extérieur de la surface. La France mène 4-1. Le match s'achève sur un score final de 4-2. À cinq mois de son 20e anniversaire, Mbappé est sacré champion du monde.

« Je suis très content, confie-t-il après la victoire. J'avais affiché mes ambitions collectives au début du Mondial. La route a été longue mais cela valait le coup. On est fiers de rendre les Français heureux. On avait ce rôle-là.

« Être champion du monde, c'est un message. Je veux faire encore mieux, mais champion du monde, c'est déjà bien. Mon but nous permet de prendre le large. On a travaillé dur toute la saison, c'est maintenant le moment de fêter cela tout l'été. »

Les 4 buts du jeune footballeur font de lui le deuxième meilleur buteur de la Coupe du monde. Il est par ailleurs nommé meilleur jeune joueur de la compétition et est sélectionné dans l'équipe type du Mondial, confirmant ainsi son nouveau statut de superstar du football.

La France, alignée pour la finale de la Coupe du monde 2018, espère être sacrée championne du monde pour la deuxième fois de son histoire.

Le but spectaculaire de Mbappé en seconde période de la finale contre la Croatie est le plus beau des 6 buts marqués à Moscou.

La victoire 4-2 de la France au stade Loujniki a permis aux Bleus de soulever le trophée de la Coupe du monde pour la deuxième fois.

BUTS À PROFUSION

En 2018-2019, le PSG domine la Ligue 1 et défend avec soin son titre de champion grâce à une avalanche de buts de Mbappé.

La saison 2018-2019 commence brillamment pour Mbappé avec son doublé contre Guingamp en août 2018.

Pour sa deuxième saison au PSG, Mbappé porte le maillot numéro 7. Il inscrit un doublé lors de son premier match de Ligue 1 contre Guingamp et totalise 10 buts après seulement 8 participations, toutes compétitions confondues.

En octobre, il marque 4 buts en l'espace de 13 minutes lors d'un match à domicile contre l'Olympique lyonnais. C'est la première fois en 45 saisons qu'un jeune de moins de 20 ans marque 4 fois dans un match de Championnat de France.

Fin novembre, Mbappé a déjà inscrit 11 buts en Championnat. En décembre, il est le premier à remporter le Trophée Kopa, décerné par le magazine *France Football* au meilleur joueur de moins de 21 ans de l'année.

Au cours de la seconde moitié de la saison 2018-2019, il réalise 2 triplés en Ligue 1, le premier contre Guingamp en janvier et le second contre son ancien club Monaco en avril. En mars, le 2e but d'un doublé qu'il inscrit contre Caen lui permet d'atteindre 50 buts depuis le début de sa carrière avec le PSG.

Mbappé réalise la meilleure saison de sa jeune carrière et permet au PSG de conserver son titre de champion de France.

Mbappé remporte le tout premier Trophée Kopa, qui vient récompenser son exceptionnelle année 2018.

Quelques heures seulement avant le triplé de Mbappé contre Monaco, le PSG décroche son 6e titre de champion de France en sept saisons, après que Lille, son plus proche adversaire, échoue à battre Toulouse pour se maintenir dans la course.

Le PSG remporte le titre avec 16 points d'avance, même si l'équipe perd son dernier match contre Reims (3-1). Le seul but parisien de la rencontre, inscrit par Mbappé en seconde mi-temps, est historique : il permet au PSG de devenir le premier club de l'histoire de la Ligue 1 à marquer à chacun de ses 38 matchs de compétition.

La contribution de Mbappé au triomphe du PSG est remarquable puisqu'il est le meilleur buteur de l'équipe avec 33 buts en 29 matchs de Championnat. Il est aussi le meilleur buteur de Ligue 1, ce qui lui vaut de remporter le Soulier d'or et d'être élu pour la première fois meilleur joueur de l'année du Championnat de France.

GRANDS BUTS PARISIENS

Kylian Mbappé représente une réelle menace devant les filets depuis qu'il a battu le record du nombre de buts inscrits au PSG. Voici 5 de ses frappes les plus spectaculaires.

ANGERS 0 / PSG 5

Ligue 1, 4 novembre 2017

Le 2ᵉ but du doublé de Mbappé en Ligue 1 contre Angers est une nouvelle preuve de son incroyable talent, de son rythme et de son équilibre. Il réceptionne un ballon difficile, le contrôle d'un simple geste, se glisse sans effort au niveau du gardien Mathieu Michel et place un tir du pied gauche.

BAYERN MUNICH 3 / PSG 1

Ligue des champions, 5 décembre 2017

Mbappé sait parfaitement anticiper, et sa vivacité d'esprit joue lors de son but contre les géants allemands du Bayern Munich. Il récupère une passe, se crée de l'espace dans la surface de réparation et marque de la tête en plein lucarne.

En inscrivant un but contre le Bayern Munich à seulement 18 ans, le jeune Français consolide sa réputation.

Considéré comme le meilleur gardien du monde, David De Gea a pourtant été impuissant face au tir de Mbappé à Old Trafford.

PSG 2 / LILLE 1

Ligue 1, 2 novembre 2018

Les grands attaquants sont capables d'inscrire des buts courts ou longs. Mbappé réussit ici un splendide but de l'extérieur de la surface. Il passe quatre défenseurs, puis réceptionne le ballon à 23 mètres et, sur un seul contrôle de balle, envoie un superbe tir droit dans la lucarne.

MANCHESTER UNITED 0 / PSG 2

Ligue des champions, 12 février 2019

Mbappé enflamme Old Trafford avec un but magnifique qui conduit à la victoire de l'équipe parisienne. L'attaquant se rue dans la surface, crée de l'espace entre deux défenseurs et place une frappe du plat du pied qui trompe le gardien David De Gea.

Mbappé ouvre la saison 2018-2019 avec un but audacieux qui sera loin d'être son dernier.

GUINGUAMP 1 / PSG 3

Ligue 1, 18 août 2019

Lors du premier match de la saison 2018-2019, Mbappé réussit un doublé pour le PSG. Son 2nd but est une véritable œuvre d'art. Il prend possession du ballon à l'extérieur de la surface et s'infiltre à l'intérieur entre deux défenseurs avant de snober Karl-Johan Johnsson d'une frappe brillante.

RECORDMAN

Mbappé a beau avoir fêté ses 20 ans en 2018, il a déjà enregistré de nombreux records, tant en club qu'en sélection nationale, au cours de son incroyable carrière.

Mbappé est le plus jeune buteur de l'AS Monaco, grâce à son but contre Troyes en février 2016 à 17 ans et 62 jours.

Son transfert à 180 millions d'euros de Monaco au PSG en août 2017, fait de lui le jeune joueur le plus cher de l'histoire du football.

En octobre 2018, lors de la cuisante défaite de Lyon (7-0), il inscrit 4 buts pour le PSG, égalant ainsi le record du club du nombre de buts marqués en un seul match.

Mbappé devient le plus jeune buteur français de la Coupe du monde, à l'âge de 19 ans et 183 jours, en inscrivant le but de la victoire contre le Pérou à Ekaterinbourg, le 21 juin 2018.

En 2017, Mbappé devient le premier joueur du PSG à remporter le titre de Golden Boy qui récompense le meilleur espoir de moins de 21 ans évoluant en Europe.

À 16 ans et 347 jours, le 2 décembre 2015, lorsqu'il fait ses débuts à l'AS Monaco contre Caen, l'adolescent devient le plus jeune joueur de l'histoire du club. Il bat ainsi le précédent record établi par Thierry Henry en 1994.

Il inscrit son 10e but pour le PSG en Ligue des champions contre le Bayern Munich en décembre 2017. À 18 ans et 350 jours, il devient le plus jeune joueur de l'histoire de la compétition à atteindre un nombre de buts à deux chiffres.

Thierry Henry détenait le record du plus jeune joueur monégasque, jusqu'à l'arrivée de Mbappé.

Le 22 février 2019, Mbappé, âgé de 20 ans et 64 jours, inscrit un doublé contre Nîmes et devient le plus jeune joueur de l'histoire de la Ligue 1 à totaliser 50 buts.

En 2019, Mbappé succède à son coéquipier du PSG Neymar en tant que joueur de l'année en Ligue 1.

En mars 2017, lorsqu'il marque 2 buts pour l'ASM contre Nantes, il devient le plus jeune joueur depuis trente ans à avoir inscrit 10 buts en Ligue 1 en une saison.

En 2018-2019, Mbappé devient le plus jeune joueur du PSG à être élu joueur de l'année en Ligue 1.

EN ROUTE POUR L'EURO 2020

Après avoir disputé la Coupe du monde 2018 en Russie, Mbappé revient sur la scène internationale l'année suivante pour aider la France à être sacrée championne d'Europe.

Les Bleus remportent pour la première fois le titre de champions d'Europe en 1984, puis une deuxième fois en 2000. La présence de Mbappé dans l'équipe fait naître l'espoir d'un triplé.

La France débute la phase de qualification en mars 2019 avec un match à l'extérieur contre la Moldavie. Les visiteurs mènent 3-0, mais la Moldavie redresse la barre en inscrivant un but. C'est compter sans Mbappé qui détruit tout espoir de retour grâce à une frappe brillante qui trompe le gardien. La France remporte le match 4-1.

Trois jours plus tard, Mbappé est de nouveau en pleine forme lorsque l'Islande s'incline 4-0 à Paris. Il passe à une vitesse surprenante deux défenseurs centraux, récupère une passe d'Antoine Griezmann et marque son 12e but international à bout portant.

La série de matchs suivants a lieu en juin. Même si Mbappé n'inscrit aucun but lors de la défaite 2-0 contre la Turquie, il en totalise 3 en 4 matchs de qualification après avoir affronté Andorre.

La France s'est facilement imposée 4-1 contre la Moldavie sur le terrain du stade Zimbru, à Chişinău.

Il ne lui faut que 11 minutes pour inscrire le premier but de cette rencontre. Les Bleus s'échappent de leur moitié de terrain, Griezmann centre en profondeur vers Mbappé, qui prend de vitesse un défenseur adverse et lobe le gardien Josep Gómes. La France se qualifie avec une victoire 4-0.

Atteindre la phase finale de l'Euro 2020 ne sera certainement pas aussi simple pour les Bleus, mais avec un Mbappé aussi triomphant devant les buts, les champions du monde actuels n'ont rien à craindre.

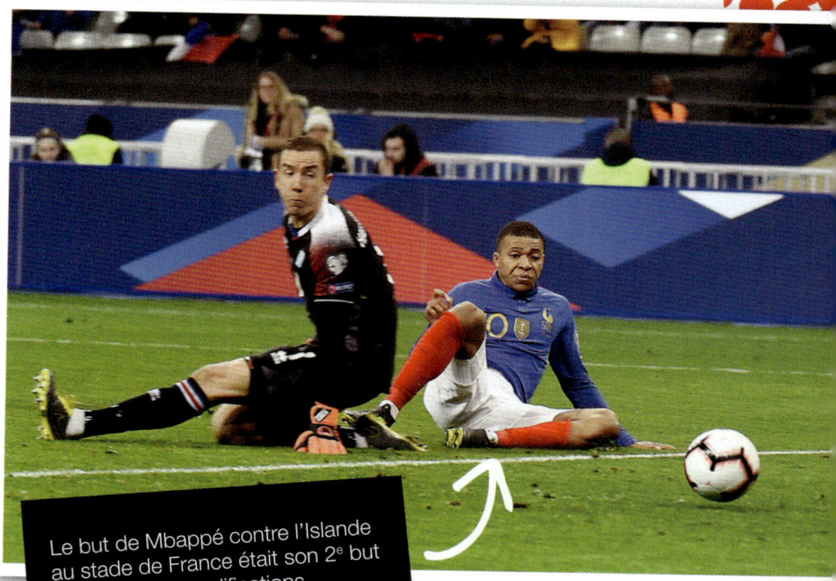

Le but de Mbappé contre l'Islande au stade de France était son 2e but consécutif en qualifications pour l'Euro 2020.

Le superbe but de l'attaquant face à Andorre en juin 2019 a permis à la France de décrocher sa 3e victoire en 4 matchs.

DES PRIX ET DES DISTINCTIONS

Tout ce que tu dois savoir sur la carrière de la nouvelle superstar mondiale.

Le jeune joueur a marqué 6 buts en Ligue des champions 2016-2017 et a permis de propulser Monaco en demi-finale.

En 2017, il reçoit le Golden Boy, un prix décerné par des journalistes sportifs européens et qui récompense le joueur de moins de 21 ans le plus prometteur de la saison.

En 2016-2017, à 17 et 18 ans, ses performances exceptionnelles lui valent une place dans l'équipe type de la saison de Ligue des champions, aux côtés de Cristiano Ronaldo et de Lionel Messi.

Il est 4 fois lauréat du titre de joueur du mois (décerné par l'Union nationale des footballeurs professionnels), en avril 2017, mars et août 2018, et février 2019.

À la fin de chacune de ses trois premières saisons, il est sélectionné parmi l'équipe type de la saison de Ligue 1, avec Monaco en 2016-2017, et avec le PSG en 2017-2018 et 2018-2019.

Mbappé reçoit sa première grande récompense en 2016, lorsqu'il est nommé dans l'équipe du tournoi après le Championnat d'Europe des moins de 19 ans en Allemagne.

Le titre d'espoir de l'année de la Ligue 1 2016-2017 est le premier d'une série de trois pour la star française.

Mbappé est nommé espoir de l'année de la Ligue 1 trois fois de suite, de 2017 à 2019. Il est également élu meilleur joueur de l'année à la fin de la saison 2018-2019.

Après sa victoire en Coupe du monde en 2018, Mbappé est élu joueur français de l'année par le magazine *France Football.* Des footballeurs légendaires comme Thierry Henry, Zinédine Zidane, N'Golo Kanté et Franck Ribéry l'ont précédé.

Mbappé intègre pour la première fois le FIFA/FIFPro World XI en septembre 2018, aux côtés de deux autres joueurs français, N'Golo Kanté et Raphaël Varane. Il en fait aussi partie en 2019.

Le président russe Vladimir Poutine a remis à Mbappé le Prix de meilleur jeune joueur de la FIFA lors de la Coupe du monde 2018.

Après la Coupe du monde 2018, Mbappé se voit décerner le Prix de meilleur jeune joueur de la FIFA, à l'instar de son coéquipier Paul Pogba quatre ans auparavant au Brésil. Le jeune footballeur est également nommé dans l'équipe de rêve de la FIFA à la fin du tournoi 2018.

ET L'AVENIR ?

Le meilleur reste encore à venir pour la star française, tant en club qu'en équipe nationale.

Peu de joueurs aussi jeunes ont eu une telle influence sur le monde footballistique. Il ne fait aucun doute que Mbappé a encore une belle marge de progression. Aujourd'hui, la grande question est de savoir dans quel club il va évoluer à l'avenir.

Le contrat qui le lie au PSG depuis 2017 court jusqu'à l'été 2022. Cependant, après deux saisons exceptionnelles à Paris, ce n'est un secret pour personne que certains des plus grands clubs européens le convoitent. Le Real Madrid, Manchester City et Liverpool le suivent de près. Bien que le PSG insiste sur le fait qu'ils ne veulent en aucun cas le céder, les rumeurs sur l'avenir de Mbappé ne sont pas prêtes de s'arrêter.

Lorsque Madrid dévoile le nom de sa nouvelle recrue, Eden Hazard, en juin 2019, devant 50 000 spectateurs réunis au stade Bernabéu, des chants dans la foule se font entendre : « On veut Mbappé ! On veut Mbappé ! » Par ailleurs, l'entraîneur de Liverpool, Jürgen Klopp, suit le jeune homme depuis sa saison 2016-2017 avec l'AS Monaco. Le jeune Français, lui, est toujours en contact avec ses anciens coéquipiers Bernardo Silva et Benjamin Mendy qui, tous deux, évoluent à Manchester City.

Mbappé lui-même a laissé entendre que son avenir n'était peut-être pas à Paris. En mai 2019, à la cérémonie de remise du Prix de meilleur joueur de l'année de la Ligue 1, il déclare aux journalistes qu'il n'est pas sûr de finir ses trois prochaines saisons de son contrat avec le PSG.

« C'est un moment très important pour moi, confie-t-il aux médias. J'arrive à un tournant de ma carrière. J'ai découvert énormément de choses ici, je sens que c'est peut-être le moment d'avoir plus de responsabilités. Peut-être au Paris Saint-Germain, ce serait avec grand plaisir, ou ailleurs pour un nouveau projet. »

Reste à savoir si Mbappé concrétisera ce « nouveau projet ». Mais ce qui est certain, c'est que le Français est déjà en passe de devenir le meilleur joueur de sa génération.

Le sélectionneur de Liverpool, Jürgen Klopp, est un admirateur de longue date de Mbappé et pourrait à l'avenir tenter d'attirer l'attaquant en Angleterre.

Mbappé et son ancien coéquipier de l'AS Monaco, Benjamin Mendy, pourraient être à nouveau réunis à Manchester City.

Déjà une légende du PSG, Mbappé avoue ne pas savoir combien de temps il va rester en France.

QUIZ

Voici 20 questions pour tester tes connaissances sur la superstar du PSG et de l'équipe de France. Toutes les réponses se trouvent dans les pages précédentes de ce livre.

1 Comment s'appelle la ville de banlieue parisienne dans laquelle a grandi Mbappé ?

2 Les murs de sa chambre d'adolescent étaient recouverts d'affiches d'une star du football. Laquelle ?

3 Quel sport sa mère a-t-elle pratiqué au niveau professionnel ?

4 Dans quel club de Premier League a-t-il fait un essai à 11 ans ?

5 Contre quel club français l'attaquant a-t-il marqué le premier but de sa carrière professionnelle en février 2016 ?

6 Combien de buts a-t-il marqués pour la France au Championnat d'Europe des moins de 19 ans en 2016 ?

7 Qu'a réalisé Mbappé pour la première fois contre Manchester City en février 2017 ?

8 Contre quel pays a-t-il fait ses débuts internationaux en mars 2017 ?

9 Contre quelle équipe a-t-il marqué son premier but international en août 2017 ?

10 Quel âge avait Mbappé lorsqu'il est devenu le plus jeune joueur français à marquer lors d'un match de Coupe du monde, contre le Pérou à Ekaterinbourg en 2018 ?

11 Contre quel pays a-t-il marqué un doublé lors des phases éliminatoires de la Coupe du monde ?

12 Sur quel score s'est terminée la finale de la Coupe du monde 2018 entre la France et la Croatie ?

13 Quel prix individuel a-t-il remporté après la victoire de la France en Coupe du monde ?

14 Quel a été le montant (en euros) de son transfert de l'AS Monaco au PSG en 2018 ?

15 Combien de buts a-t-il marqués lors de la victoire retentissante du PSG contre Lyon (7-0) en octobre 2018 ?

16 Fin 2018, quel magazine a nommé Mbappé joueur français de l'année ?

17 Quel numéro Mbappé portait-il lorsqu'il est arrivé au PSG ?

18 Contre quel club a-t-il marqué le 50e but de sa carrière, en Ligue des champions en février 2019 ?

19 Combien de buts l'attaquant a-t-il marqué pour le PSG, toutes compétitions confondues, en 2018-2019 ?

20 Combien de fois Mbappé a-t-il remporté le titre de Ligue 1 ?

Le Championnat d'Europe des moins de 19 ans de l'UEFA en 2016 a été le premier tournoi international majeur de la carrière de Mbappé.

Mbappé a été le deuxième meilleur buteur du Championnat d'Europe des moins de 19 ans qui a eu lieu en Allemagne en 2016.

Mbappé n'a que 18 ans lorsqu'il participe à son premier match pour la France lors des qualifications pour la Coupe du monde 2018.

Le jeune homme a fait preuve de qualités exceptionnelles lors de la fameuse victoire des Bleus contre la Croatie en finale de la Coupe du monde 2018 à Moscou.

QUIZ PHOTOS

**Kylian Mbappé est un habitué des prix et des récompenses.
Seras-tu capable de reconnaître les trophées qu'il tient sur ces photos ?
Les réponses se trouvent ci-contre.**

A

B

C

D